마음성형 119
몽이대원들의 합창

- 꿈과 마음을 성형하는 몽이친구들 -

글·그림 **김영옥**

마음숲

차례

● 들어가며   6

● 하나, 군더더기 마음성형?   9
  1. 자기가 마음에 안들 때 그냥 보는 마음성형1   12
    1) 한 번도 해보지 못한 마음성형이 나에게 어떤 영향을 끼칠까?
    2) 이렇게 처음보고 낯설지만 자연스러운 자기가 된다.
    3) 매일 달라지는 모습
  2. 자기가 죽고 싶을 때, 살고 싶을 때를
    어디에서나 그 순간을 보는 마음성형2   18
    1) 물, 바위. 다리. 나무, 집, 기타 도구
    2) 중간에서 늘 볼 수 있는 도구
    3) 늘 보이는 도구
  3. 무의식에서 자라난 두려운 공포그림자 마음성형3   24
    1) 보이지 않는 마음
    2) 드러났다가 숨어버리는 마음
    3) 늘 준비된 마음

● 둘, 정신 통합적 성형놀이   31
  1. 보는 성형 치유놀이 – 창조적 통찰로 이끄는 몸   32
  2. 그림자성형 귀 놀이로 해결 – 통합으로 이끄는 정신   38
  3. 무게성형 구름놀이로 해결 – 마음대로 일 할 수 있는 삶   44
  4. 향기성형 발산하는 것으로 해결 – 확장될 수 있는 삶   50

● 셋, 가지치기 부분성형　　　　　　　　　　　57
　　1. 뿌리가 약한 데서 무성한 가지　　　　　58
　　2. 튼튼하면서 끝없이 자라는 가지　　　　64
　　3. 화분에서 자라는 가지　　　　　　　　70

● 넷, 행운을 몰고 오는 창조몽이　　　　　　77
　　1. 행운을 여는 행운몽이의 표정들　　　　78
　　　　1) 하나몽이는 독립된 행운
　　　　2) 둘 몽이는 통합된 행운
　　　　3) 셋 몽이는 창조된 행운
　　　　4) 여럿 몽이는 나누는 행운

　　2. 사랑을 여는 사랑몽이의 표정들　　　　94
　　　　1) 사랑몽이 하나는 나의 사랑 지키기
　　　　2) 사랑몽이 둘은 너와 나의 사랑 지키기
　　　　3) 사랑몽이 셋은 가족 사랑 지키기
　　　　4) 사랑몽이 여럿 우리들 사랑 지키기

　　3. 건강을 여는 건강몽이의 표정들　　　　110
　　　　1) 건강몽이 하나 나 잘살기
　　　　2) 건강몽이 둘 너와 나 잘 살기
　　　　3) 건강몽이 셋 우리 잘 살기
　　　　4) 건강몽이 여럿 세상 잘 살기

　　4. 치유를 하는 치유몽이의 표정들　　　　126
　　　　1) 치유몽이 하나 나 회복
　　　　2) 치유몽이 둘 나와 너 회복
　　　　3) 치유몽이 셋 우리가정 회복
　　　　4) 치유몽이 여럿 세상 회복

5. 성공을 여는 성공몽이의 표정들   142
   1) 성공몽이하나 나 성공
   2) 성공몽이 둘 너와 나 성공
   3) 성공몽이 셋 모두 성공
   4) 성공몽이 여럿 세상 성공

● **다섯, 끝없는 질주**   159
   1. 무의식의 그림자는 어디까지?   162
   2. 무의식의 깊이는 어디까지?   164
   3. 무의식의 넓이는 어디까지?   166

● **여섯, 폭풍 같은 원동력**   169
   1. 한 번 더 기회를 잡을 때   172
   2. 언제나 새로운 일로 충전될 때   174
   3. 끝없는 탄생이 될 때   176

● **일곱, 순간 정리 되는 공간**   179
   1. 모든 것 일순간 고요해질 때   180
   2. 마음먹은 것이 일순간 진행될 때   182
   3. 기회를 잡고 기회를 줄 때   184

- 여덟, 안심하며 돌보는 시간　　　　　　　　　　187
    1. 두려움 없이 일할 수 있는 시간　　　　　　188
    2. 불안하지 않는 시간으로 성과 내는 시간　　190
    3. 안전한 활동에서 시작되는 시간　　　　　　192

- 아홉, 무질서에서 강한 질서　　　　　　　　　195
    1. 언젠가는 규칙이 서고 질서가 잡히는 시간　196
    2. 언젠가는 안정이 되고 고요해지는 시간　　198
    3. 언젠가는 기회가 오고 완성되는 시간　　　200

- 열, 완성은 늘 땀 흘린 후에야　　　　　　　　203
    1. 흘린 땀으로 개운해진 시간　　　　　　　　204
    2. 흘린 땀으로 일으키는 시간　　　　　　　　206
    3. 흘린 땀으로 마무리되는 시간　　　　　　　208

- 열하나, 119 행운 워크북　　　　　　　　　　211

- 마무리하며　　　　　　　　　　　　　　　　244

들어가며

마음성형 119 몽이대원들의 합창!
꿈과 마음을 성형하는 몽이친구들 참 반갑다.

영차영차 크게 소리치며 드러나고 움직이는 모습이 신나는구나!
몽이들의 대이동 그리고 합창!

꼼짝하지 못한 내 안에 그림자!

감정의 눈을 크게 하고
굳은 감정을 깎고
모난 감정을 빛나게 하고
바닥을 높여 다지고

조화롭게 균형 잡힌 감정들이
세상에 한 몫을 차지하듯
마주하며 부딪히고
부서지며 넓어져
꿈꾸며 가고픈 감정!

언제나 자기가 못마땅한가?
언제나 세상이 못마땅한가?
언제나 꿈이 싹트는 곳에서…

잘 살아가야만 한다는 그 생각 때문에 꼼짝없이 묶여버린 나
이제는 전체 속에 중심을 잡는 나
남보다 먼저 앞서는 포인트의 눈
그리고 부분을 정확하여 통찰되는 나
부분을 가지고 전체를 확대해도 그림자를 이겨내는 나

이런 나를 아끼고 사랑해보자!

나의 성형은?
마음을 변형하여 꿈을 이뤄가는 성형으로
만족해보는 나로 멋진 인생을 펼쳐보자!

하나, 군더더기 마음성형?

다급해질 때 마음성형 119 몽이대원들을 불러보자!

굵직하고 힘 쌘 몽이

가볍고 날렵한 몽이

쉽게 채울 수 있는 몽이

흔들리지 않는 몽이

언제나 받쳐주는 몽이

생각하게 하는 몽이

웃음을 주는 몽이

사랑스런 몽이

무게를 빼는 몽이

끝이 없는 몽이

1. 자기가 마음에 안들 때 그냥 보는 마음성형1

1) 한 번도 해보지 못한 마음성형?

♣ 짜임새로 틈을 놓치지 않는 마음

♣ 사이공간을 크게 움직여 바람이 통하는 마음

♣ 가끔 드러나기도 하지만 모르는 것이 더 많은 마음

♣ 부담이 커 어쩔 줄 몰라 하지만 해결되는 마음

♣ 군데군데 비추는 빛에 통로가 익숙하게 되는 마음

2) 이렇게 처음보고 낯설지만 자연스러운 자기

♣ 생각으로는 익숙했지만 현실에서 보지 못해 아쉬웠던 마음

♣ 생각했던 모습이 객관화되어 쪼개질 때 쉬워지는 마음

♣ 생각하여 드러난 것이 다른 변화로 펼쳐져 아름다운 마음

♣ 생각한 것이 세 네 번 열어 안정되는 마음

♣ 생각이 생각으로 다잡게 되면서 확실해지는 마음

3) 매일 달라지는 모습

♣ 달려 나가듯 내딛는 발걸음

♣ 사뿐히 내딛는 모습

♣ 춤추듯 절름발걸음

♣ 재촉하듯 속도 낸 걸음

♣ 한 발 뻗어 드날리듯

2. 자기가 죽고 싶을 때, 살고 싶을 때를 어디에서나 그 순간을 보는 마음성형2

1) 물, 바위, 다리, 나무, 집, 기타 도구

♣ 물속으로 빠져들 듯 무의식을 즐기고

♣ 바위에서 뛰어내리듯 날아오르고

♣ 다리위에서 건너지 못한 길을 걷고

♣ 나뭇가지에 그네 걸어 높이 멀리보고

♣ 집에서 살아가는 모습에 자기를 지켜내고

2) 중간에서 놀 수 있는 도구

♣ 물위에서 배 띄워 출렁이는 파도를 느끼며

♣ 바위에서 하늘을 향해 행글라이더로 즐기며

♣ 다리위에서 구름 위를 건너듯 뛰어가며

♣ 나뭇가지를 붙잡으며 타잔처럼 오르며

♣ 집에서는 웃으며 복을 지으며

3) 늘 보이는 도구

♣ 색연필로 감정을 드러내고

♣ 붓으로 울타리를 치고

♣ 펜으로 원하는 곳까지 가고

♣ 크레파스로 쉽게 매우고

♣ 마카로 검은 무의식을 이겨내고

3. 무의식에서 자라난 두려운 공포그림자 마음성형3

1) 보이지 않는 마음

♣ 검은빛이 움직인다.

♣ 얼굴 머리만 움직인다.

♣ 모두 다 밝게 움직인다.

♣ 속도가 붙는다.

♣ 어둠을 밝힌다.

2) 드러났다가 숨어버리는 마음

♣ 몸이 보이지 않는다.

♣ 손발도 없다.

♣ 그런데 괜찮다.

♣ 모두 다 살아있다.

♣ 전체가 빛이다.

3) 늘 준비된 마음

♣ 가볍게 드러내려고

♣ 손쉽게 진행되려고

♣ 모두 다 살려내려고

♣ 힘을 발휘하려고

♣ 폭탄처럼 드러나려고

둘, 정신 통합적 성형놀이

1. 보는 성형 치유놀이 - 창조적 통찰로 이끄는 몸

1) 눈 성형인 마음상징

♣ 눈으로 만나보는 몽이

♣ 큰 눈으로 보는 몽이

♣ 작은 눈으로 보는 몽이

♣ 큰 눈 작은 눈으로 보는 몽이

♣ 많은 눈들이 보는 몽이

2) 코 성형인 마음상징

♣ 코가 뾰족하게 드러난 몽이

♣ 코가 튼튼하게 드러난 몽이

♣ 코가 낮게 드러난 몽이

♣ 코가 높게 드러난 몽이

♣ 코가 둥글게 드러난 몽이

3) 얼굴 성형인 마음상징

♣ 둥근 얼굴 몽이

♣ 삼각 얼굴 몽이

♣ 사각 얼굴 몽이

♣ 오각 얼굴 몽이

♣ 타원 얼굴 몽이

2. 그림자성형 귀 놀이로 해결 - 통합으로 이끄는 정신

1) 두려움 성형인 마음상징

♣ 최소 무게인 반딧불이 몽이

♣ 날아다닐 때만 반딧불이 몽이

♣ 어둠일 때 저절로 빛이 되는 반딧불이 몽이

♣ 떼로 빛날 때 반딧불이 몽이

♣ 헤치지 않는 반딧불이 몽이

2) 공포성형인 마음상징

♣ 머리를 자르고 가볍게

♣ 옷을 휘감기지 않도록 단정하게

♣ 많은 짐을 가지지 않도록 간단하게

♣ 언제나 털어낼 수 있도록 단순하게

♣ 순간 선택해도 후회가 없도록 현명하게

3) 미칠 것 같은 괴로운 마음상징

♣ 모든 것을 물리치고 살아갈 수 있는 힘은 한줄기 빛

♣ 그 어떤 무게도 벗어 던질 수 있는 것은 하나의 꿈

♣ 세상 다 경험해도 자기경험이 최고인 것은 세상에 하나뿐인 나

♣ 그래도 자기는 자기답게 가는 것이 최대 행복

♣ 노력 끝에 얻은 자기날개 짓이 가장 가벼움

3. 무게성형 구름놀이로 해결 - 마음대로 일 할 수 있는 삶

1) 걱정에 대한 성형

♣ 안좋은 상황일 때는 과감하게 부셔버려라

♣ 걱정보다 더한 일을 추진해 나아가라

♣ 받쳐주는 힘이 있다면 두려워하기보다 지금에 집중하라

♣ 순간적으로 이끄는 힘을 모아 무의식에 접근하라

♣ 어떤 것에서도 피해가는 자신을 즐겨라

2) 불안에 대한 성형

♣ 자기 삶에 근육을 올리고

♣ 자기 기쁨에 보톡스

♣ 자기 사랑에 멍 자국을 빼고

♣ 자기 심장에 피 끓는 에너지를 채워 넣고

♣ 자기 시간에 영혼을 찾고

3) 희망에 대한 성형

♣ 할 수 있다는 모양을 오리고

♣ 끊어진 것을 되도록 이어 붙이고

♣ 안되는 것이 될 것 같은 느낌으로 헬스하고

♣ 굳은 뇌 무의식자극이 안정제역할을 하고

♣ 편안은 정신의 마지막 채움으로 보상받고

4. 향기성형 발산하는 것으로 해결 - 확장될 수 있는 삶

1) 목표성형

♣ 괜찮은 이미지를 찾아서 대화해보자

♣ 가벼워질 수 있는 것을 찾아 색칠해보자

♣ 단순한 것을 찾아 표현해보자

♣ 섬세해 보이는 것을 찾아 느껴보자

♣ 흔들리지 않도록 북돋게 해보자

2) 내용성형

♣ 소화되는 과정에서 힘들어질 때

♣ 소화되는 과정에서 시원하게 빠질 때

♣ 소화되는 과정에서 중심이 흘러 미끄러울 때

♣ 소화되는 과정에서 부피가 줄어들 때

♣ 소화되는 과정에서 숙성되어 빛날 때

3) 주제성형

♣ 핵심만 두고 모두 잠재우기

♣ 핵심을 먼저 움직이게 하도록

♣ 핵심만 가지고 주변 이끌도록

♣ 핵심으로 주변이 모이도록

♣ 핵심을 지켜내도록

♣ 타원 얼굴 몽이

셋, 가지치기 부분성형

1. 뿌리가 약한데서 무성한 가지

1) 걱정에 대한 성형

♣ 뒤집어도 괜찮은 생각

♣ 뒤집혀서 날아오른 생각

♣ 뒤집는 것은 전환된 생각

♣ 뒤집어질 때 벗어난 생각

♣ 뒤집어 털 때 개운한 생각

2) 불안에 대한 성형

♣ 자아에 시간투자

♣ 자아분석에 투자

♣ 자아관리에 투자

♣ 자아영역에 투자

♣ 자아확장에 투자

3) 희망에 대한 성형

♣ 자기 창조적 시간에 대한 투자

♣ 자기 새로운 경험에 대한 투자

♣ 자기 반복심리 체험에 대한 투자

♣ 자기 내적여행에 대한 투자

♣ 자기 통합에 대한 반복투자

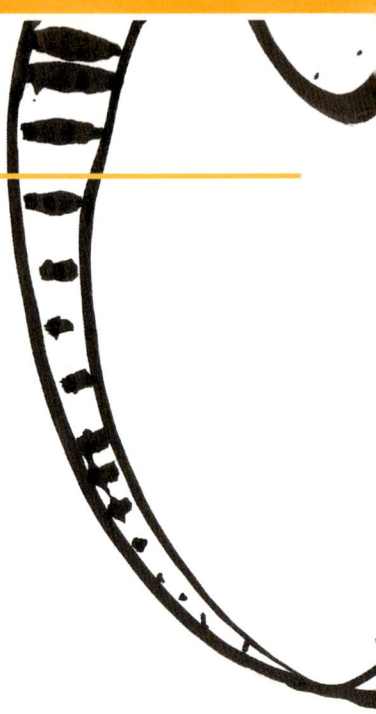

2. 튼튼하면서 끝없이 자라는 가지

1) 걱정에 대한 성형

♣ 감정을 분리할 수 있도록 지지

♣ 감정을 활용할 수 있도록 지지

♣ 감정이 생동할 수 있도록 지지

♣ 감정을 놓치지 않도록 지지

♣ 감정을 느낄 수 있도록 지지

2) 불안에 대한 성형

♣ 감정이 현실로 드러나도록 지지

♣ 감정이 부정에 놓이지 않도록 지지

♣ 감정이 늘 새롭게 자라도록 지지

♣ 감정이 성장으로 이끌도록 지지

♣ 또 다른 감정과 연결되어 지지

3) 희망에 대한 성형

♣ 집단으로부터 지지받을 수 있도록

♣ 주변으로부터 지지받을 수 있도록

♣ 가족으로부터 지지받을 수 있도록

♣ 사랑하는 사람에게 지지받을 수 있도록

♣ 존경하는 사람에게 지지받을 수 있도록

3. 화분에서 자라는 가지

1) 걱정에 대한 성형

♣ 언제 어떻게 될지 몰라 집착할 때는 씨앗을 생각

♣ 언제 어떻게 될지 몰라 뒤집혀질 경우는 다시 시작된다는 생각

♣ 언제 어떻게 옮겨질지 모를 때 늘 성장한다는 생각

♣ 언제 어떻게 없어지게 될 경우에는 후회되지 않는다는 생각

♣ 언제 어떻게 누구의 손에서 자라게 될지 모를 때 경계하지 않는다는 생각

2) 불안에 대한 성형

♣ 언제 어떻게 이동될지 모르지만 설레는 느낌으로 기대

♣ 언제 어떻게 대체 될지 모르지만 새로움으로 기대

♣ 언제 어떻게 급변될지 모르지만 변신되는 순간을 기대

♣ 언제 어떻게 해체될지 모르지만 독립되는 과정을 기대

♣ 언제 어떻게 기회가 올지 모르지만 기회를 기다리는 기대

3) 희망에 대한 성형

♣ 소통은 언제나 가볍게

♣ 세상은 언제나 가볍게

♣ 꿈은 언제나 가볍게

♣ 생각은 언제나 가볍게

♣ 성공은 언제나 가볍게

넷, 행운을 몰고 오는 창조몽이

1. 행운을 여는 행운몽이의 표정들

1) 하나몽이는 독립된 행운

♣ 감정분리가 잘 되고

♣ 기본규칙을 배경으로

♣ 자기관리가 되고

♣ 현실적응도 빠르고

♣ 스스로 기능되고

독립된 행운

하나 몽이

2) 둘 몽이는 통합된 행운

♣ 현실과 꿈이 함께 움직이고

♣ 본질을 파악하게 되고

♣ 기본적인 틀을 활용하게 되고

♣ 새로운 방향을 제시하게 되고

♣ 현실에 초점을 맞춰 생활이 윤택하게 되고

통합된 행운

둘 몽이

3) 셋 몽이는 창조된 행운

♣ 자기로부터 또 다른 꿈을 갖게 되고

♣ 자기로부터 일이 생겨나 확대되고

♣ 자기로부터 생각지도 못했던 일들이 형성되고

♣ 자기로부터 일어나는 기쁨이 주변 행운이 되고

♣ 자기로부터 전달되는 것이 공적에너지가 되고

창조된 행운

셋 몽이

4) 여럿 몽이는 나누는 행운

♣ 그 어떤 것도 피해가게 되고

♣ 그 어떤 상황도 행운이 되고

♣ 그 어떤 문제도 해결이 되고

♣ 그 어떤 날에도 신경쓰임이 없고

♣ 그 어떤 순간도 깨어나게 되고

나누는 행운

마음성형 119 옹이대원들의 합창

넷 몽이

2. 사랑을 여는 사랑몽이의 표정들

1) 사랑몽이 하나는 나의 사랑 지키기

♣ 나의 그림자를 세상으로 드러내 힘을 받도록 하고

♣ 나의 그림자를 세상에서 적응하도록 하고

♣ 나의 그림자를 세상으로부터 사랑받게 하고

♣ 나의 그림자를 세상에서 견뎌내도록 하고

♣ 나의 그림자를 세상에서 즐기도록 하고

나의 사랑 지키기

사랑몽이 하나

2) 사랑몽이 둘은 너와 나의 사랑 지키기

♣ 나의 그림자와 꿈을 이야기하게 되고

♣ 나의 그림자와 꿈을 가꿔가게 되고

♣ 나의 그림자와 꿈을 실현하게 되고

♣ 나의 그림자와 꿈의 세상을 열고

♣ 나의 그림자와 꿈의 세상을 지켜내고

너와 나 사랑지키기

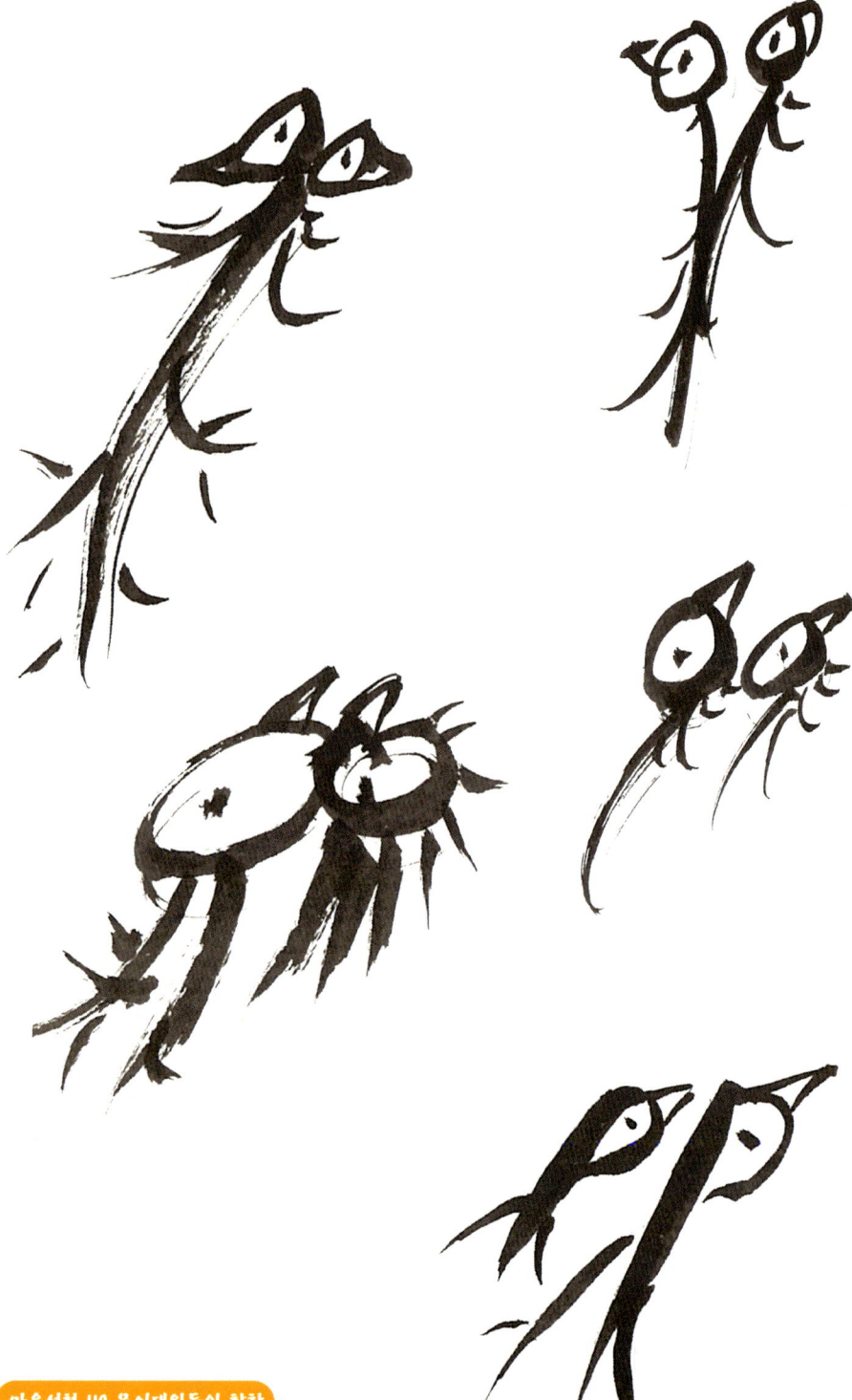

사랑몽이 둘

3) 사랑몽이 셋은 가족사랑 지키기

♣ 나의 그림자로부터 집단의 무의식감정을 끌어내 사랑하고

♣ 나의 그림자로부터 집단의 무기력한 점을 찾아 해결하고

♣ 나의 그림자로부터 집단의 힘으로 모두 다 생활에 탄력을 받고

♣ 나의 그림자로부터 집단의 절망보다 희망으로 바뀌고

♣ 나의 그림자로부터 집단의 사랑을 지켜내고

가족사랑 지키기

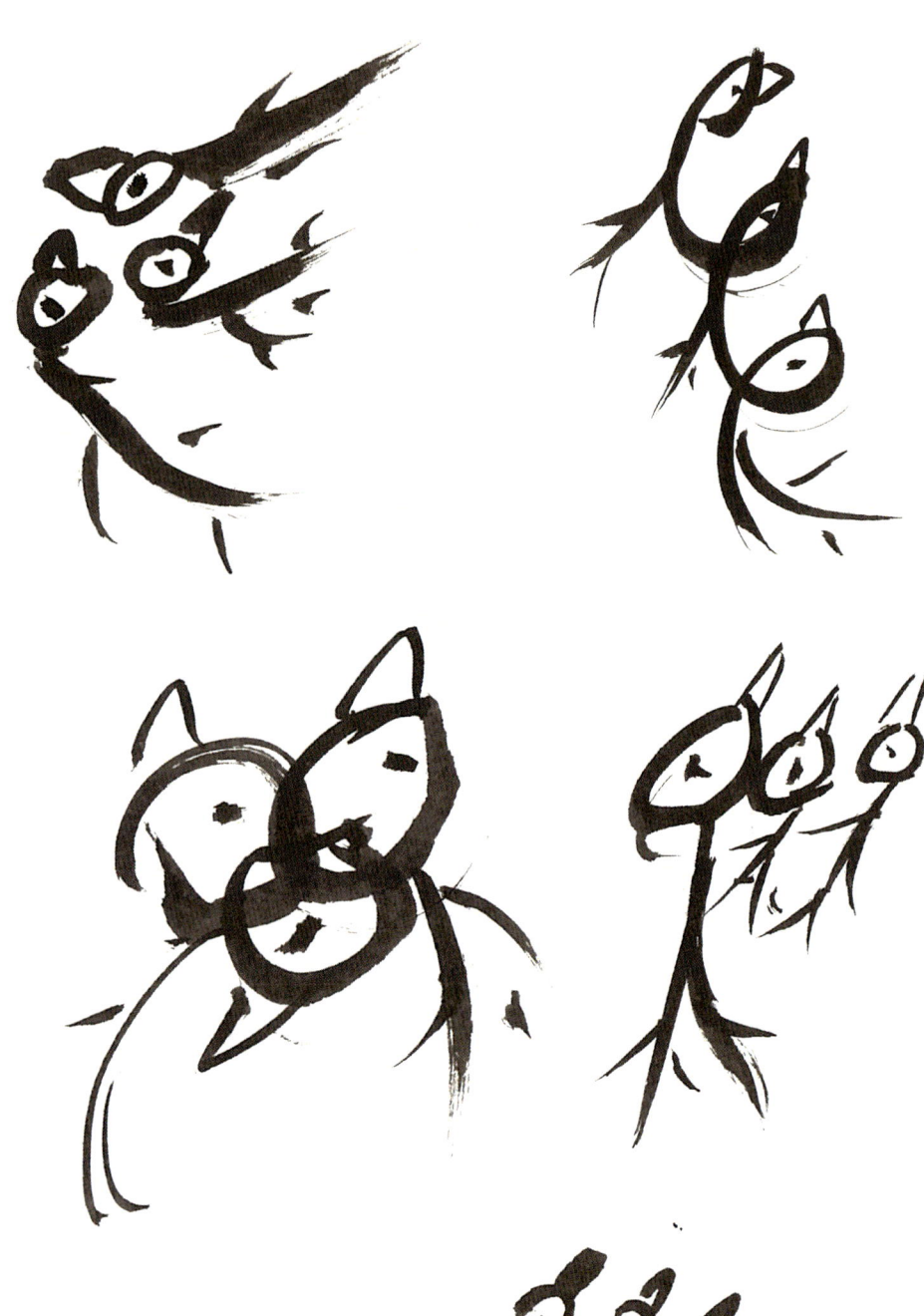

사랑몽이 셋

4) 사랑몽이 여럿 우리들 사랑 지키기

♣ 나의 그림자와 주변 관계자들과 위치를 바꿔가고

♣ 나의 그림자와 세상 사람들과 자리를 바꿔 가며 소통하고

♣ 나의 그림자와 사람들이 원하는 세상을 가꾸게 되고

♣ 나의 그림자와 세상의 다양한 것들과 함께 하게 되고

♣ 나의 그림자와 세상이 하나가 되어 아름다운 선율이 되고

우리들 사랑 지키기

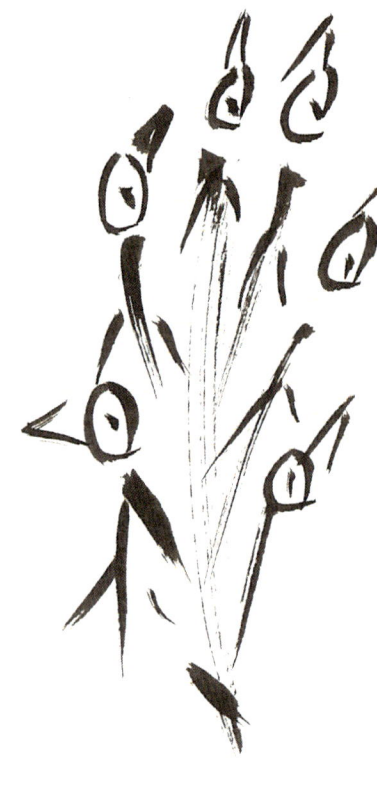

마음성형 119 몽이대원들의 합창

사랑몽이 여럿

3. 건강을 여는 건강몽이의 표정들

1) 건강몽이 하나 나 잘 살기

♣ 문자 지워보기

♣ 여백 살려두기

♣ 사이에 선 넣기

♣ 흔들리는 선 잡기

♣ 테두리 잡기

나 잘 살기

건강몽이 하나

2) 건강몽이 둘 너와 나 잘 살기

♣ 안전한 선 지켜주기

♣ 선 위에서 즐겨주기

♣ 선 부딪치지 않기

♣ 선을 중심으로 균형 잡아주기

♣ 선을 통해 방해받지 않기

너와 나 잘 살기

건강몽이 둘

3) 건강몽이 셋 우리 잘 살기

♣ 주변으로부터 무게를 뺄 수 있게 돕는 관계

♣ 주변으로부터 활동할 수 있도록 돕는 관계

♣ 주변으로부터 지지와 힘을 얻도록 돕는 관계

♣ 주변으로부터 구석진 부분을 밝혀가도록 돕는 관계

♣ 주변으로부터 살아가도록 서로 돕는 관계

우리 잘 살기

건강몽이 셋

4) 건강몽이 여럿 세상 잘 살기

♣ 경계 없이

♣ 영역 나누지 않고

♣ 부분도 없이

♣ 따져 제지 않고

♣ 구분도 없이

세상 잘 살기

건강몽이 여럿

4. 치유를 하는 치유몽이의 표정들

1) 치유 하나 나 회복

♣ 나 최고

♣ 나 인정

♣ 나 자랑

♣ 나 당당

♣ 나 성공

나 회복

치유 하나 몽이

2) 치유 둘 나와 너 회복

♣ 나와 너 유지

♣ 나와 너 공유

♣ 나와 너 동참

♣ 나와 너 생활

♣ 나와 너 공간

치유 둘 몽이

3) 치유 셋 우리 가정 회복

♣ 나와 너 그리고 우리 집단체험

♣ 나와 너 그리고 모두 집단체험

♣ 나와 너 그리고 전체 집단체험

♣ 나와 너 그리고 우주 집단체험

♣ 나와 너 그리고 블랙홀 집단체험

우리 가정 회복

치유 셋 몽이

4) 치유 여럿 세상회복

♣ 나 너 그리고 우리 모두가 창밖으로

♣ 나 너 그리고 우리 전체가 세상 밖으로

♣ 나 너 그리고 우리 세상이 우주 밖으로

♣ 나 너 그리고 우리 무한한 곳으로

♣ 나 너 그리고 우리 언제나 그곳으로

세상 회복

치유 여럿 몽이

5. 성공을 여는 성공몽이의 표정들

1) 성공몽이 하나 나 성공

♣ 나에게 진실

♣ 나에게 고백

♣ 나에게 인정

♣ 나에게 타협

♣ 나에게 소통

나 성공

144 마음성형 119 몽이대원들의 합창

성공 하나 몽이

2) 성공몽이 둘 너와 나 성공

♣ 둘에게 집중

♣ 둘만의 소통

♣ 둘이 하나

♣ 둘만의 영역

♣ 둘이서 한마당

147

너와 나 성공

성공 몽이 둘

3) 성공몽이 셋 모두 성공

♣ 공간 안에서 도전

♣ 공간 밖에서 어울림

♣ 공간 나눔

♣ 공간 소통

♣ 공간 즐김

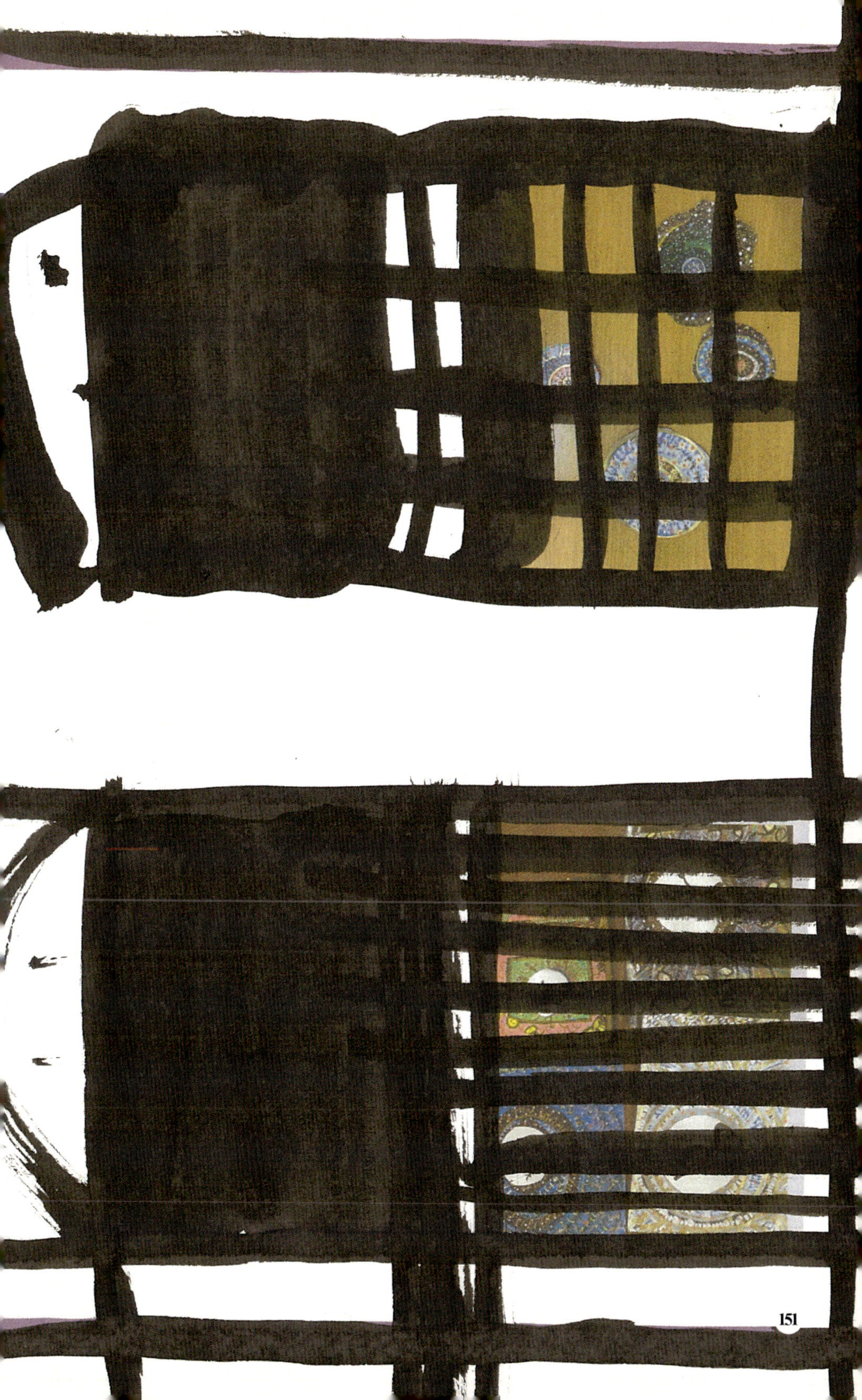

모두 성공

성공 몽이 셋

4) 성공몽이 여럿 세상 성공

♣ 많은 이들을 공부하게 하는 세상

♣ 많은 이들을 성공하게 하는 세상

♣ 많은 이들을 잘 살아가게 하는 세상

♣ 많은 이들을 꿈꾸게 하는 세상

♣ 많은 이들을 열게 하는 세상

세상 성공

성공 몽이 여럿

다섯, 끝없는 질주

열고 또 열었더니

세상이 화폭!

그려내고 또 그려도 또 그려내고 싶은 것은

숨은 열정이 터졌기 때문이다.

더 이상 고통은 없고

숨 쉬는 그 순간까지

이보다 더 짜릿하고 행복할 순 없다.

1. 무의식의 그림자는 어디까지?

♣ 사람들 마음속은 끝이 없고

♣ 세상은 빠른 속도록 움직이고

♣ 현실은 마음대로 안되고

♣ 시간은 점점 부족해지고

♣ 안타까운 일들은 일어나고

2. 무의식의 깊이는 어디까지?

♣ 시간을 내면 원하는 만큼 가볼 수 있고

♣ 기다리는 만큼 채워 가면 알 수 있고

♣ 얻어지는 결과물에 흥미로우면 보이게 되고

♣ 생각을 하나로 모아 집중시키면 분리되지 않아 속도 낼수 있고

♣ 부담되지 않는 것에서 해방이 되어 깊이를 알수 있고

3. 무의식의 넓이는 어디까지?

♣ 자기가 생각되는 만큼 넓이를 느낄 수 있다.

♣ 자기가 하는 만큼 넓이가 정해질 수 있다.

♣ 자기가 해결되는 만큼 넓이도 커질 수 있다.

♣ 자기가 새로워지는 만큼 넓이를 알 수 있다.

♣ 자기가 모르는 만큼 넓이도 무한할 수 있다.

여섯, 폭풍 같은 원동력

마그마숲과 창

감정 숲 워크북에서 어느 날 몽이가 탄생되고

날마다 다양한 몽이들이 출현해 새로운 문이 열리고 창이 생겨났다.

그리고 문으로 창으로 끝없는 변화에 분위기도 바뀌어 갔다.

※ 문은 감정 소통!
　답답했던 가스를 **빼내게** 하는 상징이고

※ 창은 정신소통!
　밖을 보게 하고 안을 지켜내는 상징이다.

수없이 다양한 문을 열고

수없이 다양한 창을 만들고

수없이 다양한 몽이들이 놀고

수없이 행복해 하는 세상들이 만들어졌다.

이렇게 다양한 세상이 열리고

다양한 빛이 탄생되고

다양한 일들이 펼쳐진다.

1. 한 번 더 기회를 잡을 때

♣ 기회는 언제나 주어지고

♣ 기회를 언제나 만들려고

♣ 기회가 언제나 없는 것처럼

♣ 기회를 언제나 오는 것처럼

♣ 기회를 언제나 놓칠까봐

2. 언제나 새로운 일로 충전될 때

♣ 마음의 세상과 현실은 넓어지고

♣ 생각과 깊이에 현실이 만족하고

♣ 용기 낼 때를 기다리는 것도 힘이 되고

♣ 새로움으로 자극시킬 때마다 감동되고

♣ 지금 움직이며 생활을 잡는 것에서도 안정이 되고

3. 끝없는 탄생이 될 때

♣ 점점 가벼운 현실

♣ 점점 가벼운 생각

♣ 점점 가벼운 일

♣ 점점 가벼운 관계

♣ 점점 가벼운 목표

일곱, 순간 정리 되는 공간

1. 모든 것 일순간 고요해질 때

♣ 두근거리고 불안할 때

♣ 짜증나고 기분 나쁠 때

♣ 간섭받기 싫고 홀가분해지고 싶을 때

♣ 부딪치기 싫고 피하고 싶을 때

♣ 그 공간을 벗어나고 싶을 때

2. 마음먹은 것이 일순간 진행될 때

♣ 첫번째 몽이는 무게를 견뎌내며 진행

♣ 두번째 몽이는 무게를 움직이며 진행

♣ 세번째 몽이는 무게 없이 진행

♣ 네번째 몽이는 진화되면서 진행

♣ 다섯번째 몽이는 도전하면서 진행

3. 기회를 잡고 기회를 줄 때

♣ 훌륭한 생각으로 결정을 할 때

♣ 정상에 도달하자 또 다른 길로 향할 때

♣ 끝없는 성장과 자기관리로 계획이 세워질 때

♣ 준비가 된 상태보다 곧 바로 실천하는 상태

♣ 도전보다 자유로운 생각과 여유로운 성장을 꿈꿀 때

여덟, 안심하며 돌보는 시간

1. 두려움 없이 일할 수 있는 시간

♣ 경계하지 않고 눈치 보지 않는 시간

♣ 잘하려는 것 보다 충실히 하는 시간

♣ 화내는 것 보다 상황을 설명 하는 시간

♣ 요구하는 것 보다 함께 하는 시간

♣ 일방적인 충고보다 소통하는 시간

2. 불안하지 않는 시간으로 성과 내는 시간

- ♣ 한 분야 일을 하되 장기적으로 결과를 내는 시간
- ♣ 좋아하고 잘하는 일을 하되 창조할 수 있는 시간
- ♣ 누구든지 할 수 있는 것에서부터 자기 능력을 풀 수 있는 시간
- ♣ 작은 일에서 큰 영역의 일로 향하는 시간
- ♣ 보이지 않는 일에서 보이는 일을 하는 시간

3. 안전한 활동에서 시작되는 시간

♣ 항상 가벼운 일에서 성취될 때

♣ 항상 순수한 일에서 떳떳할 때

♣ 항상 중요한 일에서 책임질 때

♣ 항상 집중되는 일에서 보람이 될 때

♣ 항상 나누는 일에서 큰 일할 때

아홉, 무질서에서 강한 질서

1. 언젠가는 규칙이 서고 질서가 잡히는 시간

- ♣ 주어진 상황에 맞추다보면
- ♣ 오늘 드디어 완성이 되면
- ♣ 시간적 여유가 생기게 되면
- ♣ 이곳저곳에서 일어나는 일에 놓이게 되면
- ♣ 방법에서 회복되고 기능에서 발달이 되면

2. 언젠가는 안정이 되고 고요해지는 시간

♣ 무심코 던졌던 일들

♣ 생각 없이 던졌던 일들

♣ 의미 없이 지났던 일들

♣ 두서없이 바쁘게 왔던 일들

♣ 부지런하게 왔던 일들

3. 언젠가는 기회가 오고 완성되는 시간

♣ 매순간 일로 잘 살았고 자부하던 시간

♣ 매순간 일로 땀흘렸던 기쁨의 시간

♣ 매순간 일로 맞서 싸웠던 통합의 시간

♣ 매순간 일로 막막했던 때를 피해오던 시간

♣ 매순간 일로 다잡았던 시간

열, 완성은 늘 땀 흘린 후에야

1. 흘린 땀으로 개운해진 시간

♣ 한 차원 벗어나 성장할 때

♣ 한 차원 올라서서 멀리 볼 때

♣ 한 차원 갖추어 마주했을 때

♣ 한 차원 고요해져 자기를 바라볼 때

♣ 한 차원 감동하며 세상 살아갈 때

2. 흘린 땀으로 일으키는 시간

- ♣ 모든 감정을 이해하며 기쁨에 젖은 시간
- ♣ 모든 일에 도전하며 성취한 시간
- ♣ 모든 사람들에게 에너지를 나눈 시간
- ♣ 모든 기능들이 살아나 감정이 생동한 시간
- ♣ 모든 비용에도 낭비 없이 제대로 활용되는 시간

3. 흘린 땀으로 마무리되는 시간

♣ 새 출발로 시작되는 첫걸음의 시간

♣ 새 출발로 이어지는 연결된 첫 번째 통로

♣ 새 출발로 구성되는 첫 조직의 형태

♣ 새 출발로 나아가는 첫 관문으로

♣ 새 출발로 완성되는 첫 사랑의 결실

열하나, 몽이 119 행운 워크북

나 119는 무엇?

몽이 대원 출동!

위기 119 출동!

몽이 대장 출동!

주변 119 상태는?

모두 구조되는 행운!

영차 영차 119 몽이 대원들!

안전한 공간에서

세상 넓게!

서로 돕고!

서로 보고!

서로 챙기고!

서로 춤추며

건강하게

활기차고

굳건하게!

새로운 마당!

새로운 공간!

가벼운 공간!

정다운 공간

고요한 곳에서!

일어나기를!

힘있게!

탄생!

회오리 치듯 가볍게!

그리고 잠잠

넘어서는 벽!

벗어나 독립!

가벼운 낙서!

가벼운 확대!

가벼운 주변!

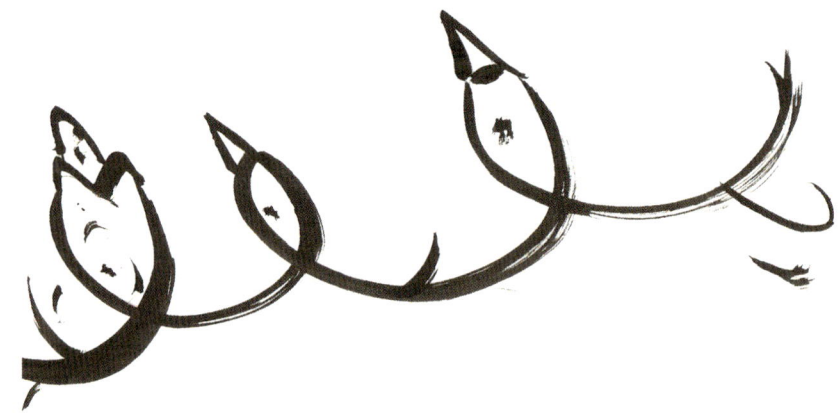

독립된 주변!

마무리 하며

마그마숲과 창을 열기까지

나의 인생 나의 일 사랑하기
　　10대 청소년 시절 꿈이 완성되는 날 기대
　　20대 일을 통해 또 다시 꿈을 찾아 창조되는 삶을 기대
　　30대 배움을 통합해 통찰의 힘을 얻는 삶을 기대
　　40대 통찰의 힘을 얻고 통합의 만다라로 풀어내는 삶을 기대
　　50대 작업에서 얻은 내적완성의 길을 세상에서 여는 삶

　　나에게 일은 곧 치유이자 성장이자 자기완성의 길이 되었다.

1. 이제부터 새로운 일 시작!
　　새로운 일?
　　　-자기로부터 시작
　　　-안정되는 것으로부터 시작
　　　-희망을 갖게 될 때부터 시작
　　　-주변과 함께 인정받으면서 시작
　　　-변화할 수 있다는 확신으로 시작

안전한 일?
 -자기로부터 흔들리지 않는 마음으로 일 시작
 -자기로부터 성장할 수 있다는 마음으로 일 시작
 -자기로부터 변화될 수 있다는 마음으로 일 시작

창조적인 일?
 -자기 재발견
 -자기 재통합
 -자기 재통찰

2. 일을 놓치지 않을 거야!

설레는 일?
 -자기 뜻을 가지고 무의식 바탕으로 성장
 -자기생각을 현실로 드러내 실천될 때
 -자기표현을 할 수 있다는 안전한 배경을 유지

풍성한 일?
 -일로 연결된 자기느낌과 감동이 있어야
 -일의 활력을 되찾도록 여유시간 유지
 -일의 속도를 낼 수 있는 자신감 유지

나누는 일?
 -사적인 것보다 공적으로 대하는 일
 -상업적인 것보다 본질적으로 연구되는 일
 -소수보다 다수로 확장될 수 있는 일

3. 일을 멈추지 않을 거야!
아름다운 일
 -무겁지 않는 일
 -점점 성장되어 커지는 일
 -깨끗한 일

행복한 일
 -사랑하며 함께하는 일
 -좋은 느낌으로 살아가는 일
 -떳떳하게 드러나는 일

미래를 여는 일
 -내일이 기다려지는 일
 -함께 하고 싶은 일
 -현재를 열어가는 일

4. 마그마숲과 창을 통해 세상을 비추다.
　※ 감정의 숲-가슴으로 느끼는 삶
　마그마힐링으로 감정 숲을 이루어 자기를 탐색하는 과정
　　-그동안 복잡했던 생각들이 정리가 되고
　　-뭔지 몰라 헤매게 했던 것이 분명해지고
　　-스스로 추진해야 할 일에 망설이지 않고
　　-보다 현명한 선택을 하게 되고

　2. 맑은 정신의 창-정신으로 느껴보는 삶
　※ M분석으로 창과 공간을 통해 맑고 질 높은 생활을 여는 과정
　　-행복하고 즐기는 생활로 정서안정
　　-존재감으로 일을 하는 즐거움
　　-꿈과 희망으로 성장하며 수준 높은 일
　　-언제나 현실의 일을 가볍게 그리고 깊이 볼 수 있는 정신력

5. 마그마숲과 창 비전
　※ 온 국민 치유체험 전시회 휴관없이 개방
　　-분석가 졸업전
　　-합동전
　　-가족전
　　-동문전

※ 서울, 지방
－구마다 지사, 지방 시, 군
－구 영역에 카페10곳 지점

※ 기관보급 활성화
－상담센터
－국가기관
－복지회관
－학교
－수도원
－기업

※ 마케팅상품
－T셔츠
－노트
－손수건

6. 김영옥분석과정 마음방역 방송 유튜브
- 워크샵 강의
- 열린강좌
- 지도자연수

7. 마그마숲 프로그램 365일 자율신청
- 1급 5박6일
- M분석과정 통합반 1,2,3단계
- MBA 경영지도자과정과 몽이학교 1학기, 2학기, 3학기, 4학기
- 1박2일 체험분석과정, 개인, 가족, 동료, 기타집단
- 1일 워크샵, 토요일 월요일 1시~5시

마음성형 119
몽이대원들의 합창
- 꿈과 마음을 성형하는 몽이친구들 -

발행일		2020년 12월 10일
발행인		김영옥
지은이		김영옥
연구 · 기획		(사) 만다라미술심리연구원
펴낸곳		마그마숲, 몽이세상, 마그마숲과 창

　　　　　　　서울본부 서울특별시 종로구 자하문로 236 마그마숲 1, 2, 3, 4층
　　　　　　　　T. 02-379-1706, 02-391-1218 / F. 02-736-1706
　　　　　　　대구지사 대구시 중구 달구벌대로 433길 25-3(삼덕동 2가)
　　　　　　　　T. 053-235-1700
　　　　　　　연구원 서울특별시 종로구 창의문로 10길, 11 1, 2층
　　　　　　　마그마숲과 창 서울특별시 종로구 자하문로 276, 부원빌딩 401호
　　　　　　　마그마숲 책 창고 경기도 파주시 회동길 455 파주출판단지 미라클시스템빌딩 2층

이메일		magmasup@naver.com
홈페이지		마그마숲 www.magmasup.co.kr / 마그마숲과 창 www.magmasup.com
ISBN		979-11-6332-487-4
정가		49,000원

※ 이 책을 무단 전재 또는 복제 행위 시 저작권법에 따라 처벌 받게 됩니다.

이 도서의 국립중앙도서관 출판예정도서목록(CIP)은 서지정보유통지원시스템 홈페이지(http://seoji.nl.go.kr)와 국가자료종합목록 구축시스템(http://kolis-net.nl.go.kr)에서 이용하실 수 있습니다. (CIP제어번호 : CIP 2020052547)